AF257328

RELATION

AUTHENTIQUE

DE L'ASSAUT DONNÉ LE 6 JUILLET 1809,

AU PALAIS QUIRINAL,

ET

DE L'ENLÈVEMENT DU SOUVERAIN PONTIFE

LE PAPE PIE VII,

PAR LES GÉNÉRAUX MIOLLIS ET RADET

SUIVIE

Du Journal circonstancié du Voyage de Sa Sainteté de Rome
en France, et de son retour à Savone.

TRADUITE DE L'ITALIEN

PAR M. LEMIERRE D'ARGY,

Interprète assermenté des langues étrangères du Nord et du Midi,
près la Cour de Cassation et le Conseil royal des Prises.

DE L'IMPRIMERIE DE A. BELIN.

PARIS,

H. NICOLLE, A LA LIBRAIRIE STÉRÉOTYPE,
RUE DE SEINE, N°. 12.

M. DCCC. XIV.

AVERTISSEMENT

DU TRADUCTEUR.

Cette relation sert naturellement de pendant au Journal de la captivité de Louis XVI, publié par M. Cléry. Ces deux ouvrages sont écrits avec cette simplicité qui, dans les productions de ce genre, est le cachet de la vérité. Leurs auteurs ont été l'un et l'autre attachés au service personnel des augustes victimes dont ils ont raconté les souffrances, après en avoir été les tristes témoins. Le Ciel a voulu que le Roi, accablé d'outrages, allàt perdre sur un échafaud une vie consacrée à l'exercice de toutes les vertus, tandis que le Pape, abreuvé d'outrages semblables, est remonté sur le trône pontifical, pour y faire briller de nouveau cette piété tendre et éclàirée et ce zèle vraiment apostolique, qui ont constamment dirigé ses démarches. Il n'appartient pas à l'homme de vouloir sonder les desseins de la Providence, mais au moins peut-on appliquer à ces deux grands et religieux personnages ce mot d'un auteur ancien : « Le plus beau spectacle qui puisse s'offrir à la Divinité, lorsqu'elle contemple ses ouvrages, c'est l'homme juste aux prises avec l'adversité. »

A l'Oratoire, ce 3o septembre 1814.

RELATION

DE L'ASSAUT DONNÉ LE 6 JUILLET 1809,

AU PALAIS QUIRINAL,

ET DE L'ENLÈVEMENT DU SOUVERAIN PONTIFE

LE PAPE PIE VII.

APRÈS l'invasion des États qui restoient encore à l'Église, et de la capitale elle-même, on conçut de vives inquiétudes pour la sûreté personnelle du Saint Père ; et le peuple prédit, avec raison, qu'il seroit enlevé de force de sa fidèle et bien-aimée ville de Rome. Le Pape étoit lui-même persuadé qu'il en seroit ainsi, et avoit fait placer des gardes dans plusieurs endroits du Palais Quirinal, où il s'étoit renfermé : il avoit surtout recommandé la plus grande vigilance, afin qu'averti à temps, il ne fût pas surpris. Les enfans dégénérés de la capitale, réunis à un grand nombre d'individus qui usurpent le nom de Romains, parce que, tout en le déshonorant, ils habitent le sol de Rome, mais qui dans le fait lui sont entièrement étrangers, ou bien sont nés dans les provinces, proféroient des paroles injurieuses et menaçantes, et donnoient comme certain que le Saint Père seroit déporté. Ces rumeurs prirent plus de consistance vers le commencement du mois de juillet : mais les factieux craignirent que Sa Sainteté, en informant le peuple Romain du danger qu'elle couroit, n'excitât un soulèvement au moment de l'attaque, et qu'alors ils fussent tous massacrés : ce qui étoit d'autant plus vraisemblable, que le peu de troupes françaises qui se trouvoient là pour les protéger, n'auroit pu contenir la populace insurgée. Dans cet état de choses, le général Miollis (1), qui commandoit ces troupes, et

____

(1) Il est fâcheux que le général Miollis ait été chargé d'une telle commission. Ce militaire, fils d'un conseiller au Parlement d'Aix, a toujours servi avec honneur, d'abord dans le régiment de Soissonnois (dont étoit colonel M. de Muy, fils du vertueux maréchal de ce nom, le même qui, sous Dubois Crancé, a dirigé le siége de Lyon), et ensuite dans la guerre de la Révolution. On cite de lui des traits qui le rendent très-recommandable. Par exemple, pendant son commandement à Florence, il y eut plusieurs jours de disette dans la ville. Les officiers municipaux, reconnoissans de la manière noble et généreuse dont il se comportoit envers les habitans, vinrent lui offrir diverses provisions dont Florence manquoit elle-même : il les refusa, en disant qu'il étoit homme comme eux, et qu'il vouloit partager le sort de leurs administrés. On sait aussi qu'épris de l'amour des lettres, il éleva, étant à Mantoue, un obélisque magnifique à Virgile, qu'il sait, dit-on, par cœur. Enfin il fut l'un de ceux qui s'opposèrent le plus vivement

avoit des ordres pour effectuer la déportation de Sa Sainteté, jugea convenable de les exécuter sans délai. Il fit ses dispositions de manière à se ménager à lui-même et à ses soldats les moyens d'échapper aussitôt, dans le cas où quelque mouvement auroit lieu parmi le peuple.

Le 5 juillet, vinrent se joindre eux, à environ deux heures après midi, cinq à six cents conscrits de Naples, qui étoient casernés dans le château Saint-Ange.

Le soir, ils rassemblèrent secrètement dans le quartier de la *Pilotta* une grande quantité d'échelles de maçon, de pioches, de cordes et autres instrumens de siége, les échelles ayant été enlevées de force des ateliers de Joseph Fornari, entrepreneur de bâtimens à Saint-Marc; les hommes nécessaires à l'opération préméditée furent réunis par Mathieu Lovatti, fils du maître maçon employé par le Gouvernement. Le comptable des galériens détenus pour le service du château Saint-Ange, Joseph Pignani, fils du fourrier appartenant au même château, fut chargé de procurer des torches et des fusées incendiaires, pour l'assaut qui se préparoit contre le palais Quirinal.

---

au consulat à vie. Il paroît qu'indépendamment des ordres de Buonaparté, les opinions politiques, qui dénaturent souvent les plus belles qualités, ont dirigé toute sa conduite en cette occasion.

Leur plus grand mérite fut d'avoir amené avec eux le galerien François Bossola, qui avoit auparavant servi dans le palais en qualité de portefaix, et qui ayant commis un vol dans les appartemens de M. Braga, chapelain privé de Sa Sainteté, avoit obtenu grâce de la vie de la clémence du Pape lui-même ; il étoit réservé pour l'occasion actuelle, et devoit servir de guide aux satellites destinés à attaquer le Palais, et à s'emparer du vénérable Pontife, le Pape Pie VII. On lui avoit promis pour ce service une somme de cent piastres ; en conséquence il leur indiqua toutes les portes, escaliers et issues par où ils devoient passer pour exécuter leur dessein criminel. Cependant les esprits les plus turbulens, qui s'étoient enrôlés dans la garde bourgeoise, étoient assemblés dans le palais Quirinal même, sous le commandement de leurs officiers, François Marescotti, Joseph Giraud, Cæsar Marucci, avec beaucoup d'autres, dont les noms seront cités dans la suite. Après minuit, un piquet d'infanterie et quatre chevaux furent détachés sur les ponts pour surveiller les mouvemens du peuple, dans le quartier Transteverin, avec ordre de se retirer en cas de tumulte. On envoya aussi d'autres patrouilles autour de la ville pour le même objet ; et le reste des forces, qui ne montoit pas à plus de mille hommes, y compris l'infanterie, la Gendarmerie et les officiers de police, fut placé à des distances convenables autour du palais et sur la place Quirinale, ayant leur quartier-général au palais Rospigliosi. Le général Miollis, avec son état-major, étoit dans le jardin de la maison Colonna, sur les murs de laquelle il veilloit à l'exécution de son entreprise sacrilége.

Le général Radet, autrefois chanoine pénitencier dans une Cathédrale française (1), inspecteur à cette époque de la Gendarmerie française et de la police de Rome, fut chargé de l'indigne commission de diriger l'assaut et de s'emparer de la personne de Sa Sainteté.

La même nuit, environ à une heure, tous les soi-disant patriotes, dont il vient d'être parlé, sortirent de la Pilotta, où ils étoient assemblés ; et armés de sabres et de pistolets, ils s'avancèrent en silence vers le palais, à la lueur de leurs torches allumées, à la tête de plusieurs détachemens qui avoient été postés d'avance aux environs. Dès qu'ils eurent gagné le palais, le signal de l'assaut fut donné.

Dans l'intérieur de l'édifice, les gardes n'ayant observé aucun mouvement (il étoit alors près de deux heures du matin), se crurent en sûreté pour la nuit ; le Saint Père lui-même et leurs Eminences les Cardinaux, qui s'étoient enfermés avec lui, après être restés à veiller jusqu'à ce moment, pensèrent qu'ils pouvoient prendre un peu de repos. A deux

____

(1) On dit aussi qu'il a été garde-chasse de M. le Prince de Condé.

heures, les assiégeans avoient atteint les murs du palais; les fidèles gardes-suisses avertirent aussitôt le majordome de leur arrivée, dont le Pape fut informé en même tems, ainsi que les autres habitans du palais, qui étoient tous alors dans leur premier sommeil. L'assaut commença sur trois principaux points. Le premier dans l'appartement des gens de service, vis-à-vis le *Noviciat*, où deux sbires ou gendarmes entrèrent par les fenêtres du rez-de-chaussée, et montèrent l'escalier appartenant aux chambres des domestiques de M. Sagrista, confesseur du Pape, et de l'un des valets-de-chambre de Sa Sainteté. Ne pouvant ouvrir ou passer à travers la fenêtre donnant sur la grande porte du palais, ni pénétrer dans l'appartement de M. Joseph Moiraghi, premier valet-de-chambre, ils cassèrent les vitres, et entrèrent par une fenêtre contiguë à cet appartement; ce qui leur donna la facilité de se faire un passage dans l'intérieur, et d'ouvrir la grande porte du Noviciat. Le second assaut eut lieu par les hautes fenêtres de l'entrée de la chapelle pontificale, communément appelée *Sala Regia*, où ils brisèrent la dernière fenêtre près la porte de la chapelle commune; et, traversant les galeries, en jetant des cris terribles, ils répandirent la consternation dans tout le palais.

Au bruit qui éclatoit de toutes parts, M. Raphaël Bonomi sortit de sa chambre; on tira sur lui, mais il ne fut point blessé. Néanmoins les sbires le saisirent et le conduisirent au corps-de-garde situé dans la place, où il resta prisonnier toute la matinée.

Une autre attaque se fit par la rue de la Daterie, sur les fenêtres du second hôtel occupé par la maison du Pape. Par là, on s'empara aussi des galeries opposées, conduisant à la résidence Pontificale.

Mais l'assaut le plus violent se livra sur la grande Panneterie : dans cette odieuse tentative, quelques-uns des assaillans tombèrent, se brisèrent la tête, les jambes, et autres parties du corps, comme on le vit le jour suivant aux longues et nombreuses traces de sang répandues sur la place. Parmi ces malheureux étoit Philippe Tomburlani qui perdit à la fois la jambe gauche, le bras droit, et eut une côte enfoncée dans la poitrine.

Aussitôt qu'ils eurent gagné la cour de la Panneterie, un grand nombre d'hommes armés se précipitèrent dans le petit escalier qui, de là, menoit à la principale cour ; et, guidés par François Bossola, ils entrèrent dans les appartemens de l'auditeur, et jusque dans la chambre à coucher du chirurgien, Dominique Frosoni, d'où ils enlevèrent une grande quantité de linge. De là, ils pénétrèrent dans la grande cour Pontificale ; d'autres escaladèrent les murs du jardin, pour monter dans l'appartement de Sa Sainteté. Le plombier attaché à la fontaine de Trévi, qui se nommoit Louis Capellini, alla jusqu'à l'une des fenêtres de cet appartement; mais ne pouvant l'ouvrir, il perdit le mérite de cette grande prouesse.

Tous les obstacles qu'opposoient les portes et autres sauve-gardes, étant enfin renversés, les assaillans se réunirent dans la grande cour ; et après qu'ils eurent repoussé tous les domestiques et tous les gardes-suisses dans leurs quartiers respectifs, la grande porte de la rue fut enfoncée, et le général Radet, dont la mission étoit de s'emparer du Saint Père, fit son entrée par cette porte. Aussitôt soldats, gendarmes et sbires, montèrent l'escalier tournant sous la cloche, afin de gagner l'appartement du Pape ; et au moyen de bêches et de haches, ils s'ouvrirent un passage dans celui de son médecin, le docteur Porta. Il leur fallut beaucoup de temps pour arriver jusqu'à l'appartement Pontifical ; le chirurgien Ceccarini ayant refusé de leur servir de guide, ils l'accablèrent de coups de poing et de crosses de fusils, et l'entraînèrent mourant au corps-de-garde.

A peine eurent-ils pénétré dans la première antichambre, que le Pontife, ayant été informé de l'assaut par son Eminence le Cardinal Pacca, premier Secrétaire-d'Etat, sortit de son lit et passa une robe de chambre. Le Cardinal que nous venons de nommer, qui, revêtu des habits affectés à sa dignité et absolument sans suite, étoit parvenu, quoiqu'avec beaucoup de peine, à la chambre du Pape ; le Cardinal Despuig, qui avoit été également instruit de ce qui se passoit par M. Maffei, le Caudataire ; et, avec eux, d'autres personnes de la maison, se pressèrent tous autour de la personne de Sa Sainteté. Le Saint Père, aussitôt qu'il eut ouvert la porte de sa chambre à coucher, prit le Cardinal Despuig par la main, et lui dit d'un air calme : « Nous sommes ici, M. le Cardinal, et me » voilà avec mes vrais amis. » A quoi son Eminence répondit : « Saint Père, il est temps mainte- » nant de déployer votre courage, et d'implorer » les lumières du Très-Haut, afin que vous puis- » siez nous donner l'exemple à tous. Votre Sainteté » me permet-elle de lui rappeler que nous sommes » dans l'octave de la fête de S. Pierre? — Vous avez » raisou, répondit le Pape. » Cependant le bruit dans la seconde antichambre alloit toujours crois- sant ; le même Cardinal lui dit : « Si Votre Sainteté » le désire, nous sommes encore à temps de passer » dans votre chapelle privée, pour implorer la » grâce du Seigneur au pied de ses autels. » Mais le tumulte augmentant de plus en plus, le Pontife s'assit dans le fauteuil dont il se servoit ordinairement, après avoir mis à la hâte ses habits pontificaux, la morette et l'étole, tandis que les Cardinaux s'é- toient rangés à ses côtés.

Le Cardinal Pacca avoit déjà donné des ordres pour empêcher qu'on ne répandît, hors des portes, l'alarme parmi le peuple, qui, s'il eût été informé de ce qui se tramoit, auroit certainement fait échouer cette entreprise impie. Mais le Saint Père, se ré-

signant à la volonté du Tout-Puissant, étoit déter-
miné à attendre la consommation de l'horrible
iniquité ourdie contre sa personne sacrée. Soutenu
par les deux Cardinaux, et d'autres personnes de
sa cour, il conserva le plus grand calme, et la
plus grande intrépidité. Après avoir demandé le
crucifix qu'il avoit coutume de porter sur lui, il
renferma son bréviaire dans son étui, et avec une
sérénité majestueuse, il mit à son doigt l'anneau
qu'avoit son prédécesseur l'immortel Pie VI, lorsqu'il fut, de la même manière, enlevé à sa Capitale.

Dans ce moment, les assaillans essayèrent de
briser la porte de l'antichambre de la salle destinée
à l'audience publique. Le Cardinal Despuig proposa
alors au Saint Père, afin d'éviter le désordre qu'en-
traîneroit nécessairement l'entrée tumultueuse de
ces misérables dans son asile sacré, de dépêcher
quelques serviteurs dans le vestibule pour demander
ce qu'on vouloit. Sa Sainteté approuva cette proposition et envoya quatre personnes, qui se rendirent
dans la galerie, précisément à l'instant où la porte
alloit être enfoncée. Alors l'Abbé Maury, attaché à
la chancellerie d'Etat, demanda qui étoit là et
qu'est-ce qu'on vouloit. Ils répondirent exactement
par ces paroles : « Nous voulons le Pape. » Sur
quoi l'Abbé répliqua, je vais parler à Sa Sainteté, et
si elle me l'ordonne, la porte sera ouverte. L'ordre
ne fut pas donné immédiatement, et les assaillans

alloient renouveler leurs efforts pour la renverser, quand le Pape ordonna enfin qu'on l'ouvrît. Aussitôt, le général Radet entra, accompagné de ses gendarmes, de soldats armés de mousquets, et de quelques patriotes, entre autres Diana de Ceccano, ville du diocèse de Florence, Antoine Cardelari, Fignani, etc., en tout vingt individus, et il se présenta la tête couverte et sans s'incliner, tous ceux qui l'accompagnoient observant la même politesse. S'adressant ensuite à Sa Sainteté, devant qui étoit le Cardinal Despuig, il lui dit : « Saint-Père, je viens » par ordre de mon souverain l'Empereur des Fran- » çais, vous dire que Votre Sainteté doit renoncer » au domaine temporel des Etats de l'Eglise. » Le Pape, toujours assis, répondit d'un air doux et serein, « je ne le puis ; » le Général reprit : « si Votre » Sainteté veut consentir à cette renonciation, je ne » doute pas que les affaires ne s'arrangent heureu- » sement, et l'Empereur traitera Votre Sainteté » avec les plus grands égards. » Alors le Saint Père se levant d'un air de majesté et d'autorité, comme s'il se rappeloit en ce moment qu'il étoit Prince et Vicaire de J.-C., répondit : « Je ne le puis ; je » ne le dois pas ; je ne le veux pas. J'ai promis » devant Dieu de conserver à la Sainte Eglise toutes » ses possessions, et je ne manquerai jamais au ser- » ment que j'ai fait de les lui maintenir. » Le Gé- néral reprit : « Saint Père, je suis très-affligé que » Votre Sainteté ne veuille pas souscrire à cette

» demande; puisque, en refusant, vous ne faites
» que vous exposer à de nouvelles tribulations. »
Le Pape répondit : « J'ai dit ; rien sur la terre ne
» peut me faire changer, et je suis prêt à verser
» la dernière goutte de mon sang, à perdre la
» vie à l'instant même, plutôt que de violer le
» serment que j'ai fait devant Dieu. — Eh bien,
» dit le Général, la résolution que vous prenez
» deviendra peut-être pour vous la source de
» grandes calamités. » Alors le grand et immortel
Pie VII répondit : « Je suis décidé, et rien ne peut
» m'ébranler. — Puisque telle est votre résolution,
» répliqua le Général, je suis fâché des ordres que
» mon Souverain m'a donnés et de la commission
» que j'ai reçue de lui. » A ces mots, le Saint Père
changea ce ton majestueux et imposant qu'il avoit
gardé jusqu'ici et qui étoit si digne de son caractère
sacré, et prenant celui de père, avec un air plein
de compassion pour le Général, il lui dit : « En
» vérité, mon fils, cette commission n'attirera pas
» sur vous les bénédictions du Ciel. » Ces paroles
firent quelque impression sur le Général ; néanmoins,
suivant toujours ses instructions, il dit : « Saint Père,
» il faut que j'emmène Votre Sainteté avec moi. »
Le Pape répondit : « Voilà donc la reconnoissance
» qui m'est réservée pour tout ce que j'ai fait en
» faveur de votre Empereur ! Voilà donc la récom-
» pense de ma grande condescendance pour lui et
» pour l'Eglise Gallicane ! Mais peut-être suis-je à cet

» égard coupable devant Dieu ; il veut m'en punir :
» je me soumets avec humilité (1). — Telle est ma
» commission, dit le Général. Je suis fâché d'être
» obligé de l'exécuter, puisque je suis catholique
» et fils de l'Eglise. » — Ici le Cardinal Pacca fit
observer qu'il étoit convenable que Sa Sainteté
fût accompagnée des personnes nécessaires pour
le gouvernement de l'église. Le Général répondit :
« Tout ce que Votre Sainteté voudra avoir à sa suite,
» lui sera sans doute accordé : mais, pour obtenir cette
» dernière permission , il faut que vous en traitiez
» avec son Excellence le Commandant en chef, qui
» maintenant est absent du quartier général. » Le Cardinal dit alors que Sa Sainteté auroit des préparatifs
à faire pour son voyage. On lui répondit également
d'une manière équivoque. Cependant le Saint Père
avoit dressé une liste composée de cardinaux, de
prélats, de secrétaires des dépêches latines, brefs et
mémorials, de quatre autres personnes attachées à
la chancellerie d'Etat, de deux gentilhommes de
service , d'un médecin, d'un chirurgien et de deux
domestiques ordinaires ; ajoutant que , relativement
à M. Sagrista, son confesseur, il regardoit la permission de l'emmener comme toute accordée : et

---

(1) Aux yeux de beaucoup de personnes, le Pape a commis une grande faute par cette condescendance. Mais Sa
Sainteté a cru acheter par là le repos de l'Église ; dès lors
elle est bien justifiée.

c'est là, dit-il en finissant, ma volonté, si j'en puis avoir une ; témoin cet écrit signé de ma main.

En ce moment, le Général fut accosté par un de ses aides-de-camp qui, après lui avoir dit quelque chose à l'oreille, ajouta, à haute voix, que c'étoit l'ordre de l'Empereur que personne n'accompagnât le Pape, excepté le Cardinal Pacca. Toutefois on supposoit qu'on donneroit au moins le temps à Sa Sainteté de faire les préparatifs convenables pour son départ. Mais voyant que le Général laissoit déjà échapper quelques signes d'impatience, le Cardinal Pacca demanda : « combien de temps il seroit accordé pour cela : » une demi-heure, répondit le Général. Alors le Saint Père se leva, et d'un air de courage et de supériorité d'ame, tels qu'il est impossible de les décrire, il dit à ses conducteurs : « Allons, que la volonté de Dieu s'accomplisse en moi ! »

Le Général informa Sa Sainteté qu'elle étoit libre de retourner dans son appartement, supposant qu'elle habitoit un local somptueux digne du rang suprême. Mais il témoigna la plus grande surprise quand le Cardinal Despuig lui apprit que l'appartement où ils se trouvoient actuellement, avec une chambre à coucher contiguë, composoit la résidence ordinaire de Sa Sainteté. Bientôt après, le Saint Père alla dans sa chambre à coucher pour quelque besoin particulier, et il y fut impudemment suivi par le Général et d'autres individus de sa trempe. Il en sortit avec une tranquillité et une résignation vraiment sublimes ; n'emportant rien que le crucifix qui étoit suspendu à son cou sous sa soutane ; et prenant les deux Cardinaux, Pacca et Despuig, par la main, il s'adressa au dernier et lui dit : « Assurez toutes les Eminences » que je suis fâché de ne pouvoir prendre congé » d'elles, et de leur donner ma bénédiction. » Ils traversèrent ainsi les antichambres, et quand ils se trouvèrent au pied de l'escalier tournant, et presque sous le portique, le Général fit retourner le Cardinal Despuig, et donna des ordres pour que tous les Romains eussent à quitter la cour, afin de faire place aux troupes françaises qui y devoient entrer. Le Cardinal Despuig, en se séparant du Pape, versa des larmes, et saisit la main du Vicaire de J.-C. qui lui donna sa sainte bénédiction. Il se remit ensuite lui-même aux gendarmes, qui étoient chargés de l'escorter jusqu'à son appartement.

Le Saint Père fut conduit par les satellites du général Radet, et suivi de plusieurs de ses domestiques jusqu'à la porte extérieure du palais, où attendoit une voiture dans laquelle on le fit entrer avec le cardinal Pacca destiné à l'accompagner. Le Général ferma la porte sur eux, puis il monta dans le cabriolet attaché à la voiture.

Voilà comme s'est effectué l'enlèvement du Saint Père, du défenseur aussi pieux qu'intrépide de l'Eglise, du Vicaire de J.-C. Ils tournèrent par la porte *Pia*, gagnèrent la porte *Salara*, et de là la porte *del Popolo*. Là ils trouvèrent une autre voiture toute prête, dans laquelle on mit Sa Sainteté avec le Cardinal; un instant après, le général Radet s'adressa encore une fois au Pape, et lui dit : « il est encore temps pour Votre Sainteté de re- » noncer aux droits de l'Eglise : » mais le Souverain Pontife, tel qu'une colonne inébranlable, restant ferme dans sa première résolution, répondit seulement « non. » — Le Général alors ferma de sa propre main la portière de la voiture, et l'arrêta avec un cadenas; après quoi, il monta dans le cabriolet, comme auparavant, et l'on prit la route de Florence. C'est ainsi que le Souverain apostolique de Rome fut arraché à sa Capitale, entre trois et quatre heures du matin, le 6 juillet 1809. A Ponte-molle, il fut rejoint par le général Miollis, qui renouvela les instances qu'il lui avoit déjà faites de renoncer, mais toujours sans succès; en conséquence ils continuèrent leur voyage.

Dès le grand matin, l'infâme expédition de la nuit étoit connue du public; et le fidèle peuple de de Rome, attéré d'une perte aussi déplorable, étoit plongé dans la plus profonde affliction.

Pendant cette irruption des gendarmes et des sbires tant dans l'appartement du Pontife que dans celui des gardes-suisses, il fut commis plusieurs vols en linge, tableaux, et jusqu'à des ustensiles vulgaires. Dans le palais, le pillage fut immense; on y enleva des pièces précieuses de vaisselle d'or et d'argent appartenant à la décoration de la Chapelle Pontificale. De tous ces voleurs, il n'y en eut qu'un seul d'arrêté. Cet homme, qui fut condamné à mort, et ensuite fusillé dans la place du Peuple, le 11 du même mois, se nommoit Paul Constantin, sbire de profession ; il avoit volé un calice, une patène, et un encensoir. Plusieurs vols furent également commis dans l'appartement du majordome, comme en d'autres parties du palais ; car partout où pénétroient les Français, ils emportoient tout ce qui leur tomboit sous la main. Une pauvre femme, veuve du commissionnaire du majordome, et mère de quatre enfans, perdit aussi tous ses effets, et environ quarante écus qu'elle avoit amassés avec peine.

Aussitôt que sa mission odieuse eut été remplie, le général Miollis dit en français : « qu'on renvoie cette canaille. »

(Ici se termine la narration, et, dans l'original, on passe immédiatement à la lettre qui suit.)

De Rome, le 20 mai 1814.

Mon cher ami,

Vos instances réitérées pour obtenir de moi un récit exact et fidèle de tout ce qui est arrivé à notre Saint Père au commencement de juillet 1809, et dans son triste voyage de Rome en France et de France à Savone ; lorsque, par ordre du Gouvernement français, le général Radet, commandant de la Gendarmerie à Rome, l'arracha d'une main téméraire et sacrilége, au milieu de la nuit, au peuple Romain et à son troupeau chéri, ont enfin surmonté la répugnance juste et naturelle que j'éprouvois à vous satisfaire ; je me hâte maintenant de déférer à votre demande, d'autant mieux que je suis certain que tout votre désir est d'être informé des faits racontés tout simplement, sans réticence, comme sans passion.

Je suis bien aise que vous ayez déjà été informé par un habile écrivain, de la cabale infernale qui a conçu ce dessein impie d'enlever le Pape : combinant, pour cet effet, un mélange impur de Romains vagabonds, sans état ou dérangés dans leurs affaires, avec ceux que le délire d'un fanatisme irréligieux a rendus ennemis du chef suprême de la Foi, de leur souverain légitime, mais qui peut-être se repentent maintenant de leur sacrilége entreprise.

Quoique ces misérables aient tenu secrets leur

détestable projet, et la manière indigne dont ils vouloient l'exécuter, cependant rien n'échappa à la pénétration du Saint Père, qui, inspiré par un courage sublime et même divin, se tint, comme on vous l'a déjà dit, préparé à cette terrible épreuve; de sorte que dans cet assaut nocturne et tumultueux, livré à son palais sacré de Monte Cavallo, où il avoit été retenu prisonnier pendant une année, cinq mois et quatre jours, par une bande armée de brigands parjures, et au moment même de leur entrée furieuse dans son appartement particulier, avec l'intention de le surprendre par une terreur subite, le général Radet, à son grand étonnement, le trouva calme, et bien décidé à soutenir la dignité majestueuse d'un vicaire de Jésus-Christ : ferme dans son refus de souscrire à l'insidieuse proposition qui lui étoit faite, et déclarant qu'il étoit prêt à mourir plutôt que de rien commettre qui fût contraire aux saints Canons, et ternît la gloire de son Pontificat.

En ce malheureux moment, sans rien réclamer de ce qui auroit pu lui être utile, sans même retourner dans sa chambre à coucher, excepté une seule fois pour y prendre son crucifix et son bréviaire; sans s'abaisser jusqu'à demander un instant pour rassembler ce qui lui étoit simplement nécessaire pour le voyage, il s'approcha de ses gardes farouches, accompagné seulement de l'affection de ses amis inconsolables, qui, avec des soupirs et des

larmes, baisoient et embrassoient ses pieds à mesure qu'il avançoit, donnant à l'envi l'un de l'autre
les preuves les plus expressives de leur indignation
et de leur douleur. Mais, quoique la simple humanité, ou le sentiment du devoir et de l'honneur
eussent obtenu même d'un barbare, pour un vieux
valet-de-chambre (office que je remplissois près
de Sa Sainteté) la permission de suivre, dans cette
crise affreuse, le sort de son maître chéri ; néanmoins cette demande si naturelle fut refusée, et
on ne permit à personne d'accompagner le Pape,
excepté le cardinal Pacca, alors son secrétaire
d'État. Dieu sait quel effet ce refus a produit sur
moi, et comment je n'ai pas expiré sur-le-champ,
quand j'ai vu le souverain Pontife, enfermé avec
le Cardinal dans une voiture ignoble, et enlevé
sous nos yeux. Comment se peut-il que j'aie sur-
vécu même un moment à la seule pensée d'un acte
de trahison aussi révoltant !

A la fin, néanmoins, le courage et la fidélité
avec lesquels M. Doria, maître de la chambre,
renouvella ses instances près du général Miollis,
(dans la maison duquel, comme centre de toutes
les machinations diaboliques, on se concertoit sur
toutes les insultes qu'on faisoit à la dignité Pontificale, en exécution d'ordres venus de Paris)
pour que les serviteurs les plus intimes du Pape
eussent la liberté de le suivre, furent récompensés
par cette consolante déclaration : que quatre per-

sonnes seulement partiroient ensemble après lui ;
et je fus du nombre. Qu'on se figure mon enthousiasme à cette heureuse nouvelle, et l'impatience
avec laquelle j'emballai le peu d'habits qui m'é-
toient nécessaires, pour être prêt à partir. Je résis-
tai en ce moment à toute mon affection pour une
femme que je laissois au milieu d'une famille nom-
breuse et en bas âge qui, toute en pleurs, se pressoit
autour de moi pour empêcher mon départ. Environ dix heures après l'assaut, je quittai Rome
avec mes compagnons, et je pus rejoindre le Pape
à Radicofani, la première poste à laquelle le général Radet, son conducteur, lui permit de s'arrêter. C'est de ce point de réunion avec mon auguste
maître, que je tâcherai de vous donner un détail
exact et fidèle de toutes les circonstances remar-
quables qui se sont présentées à mon observation,
autant du moins que ma mémoire a pu les recueillir, et cela dans l'ordre qui me paroît le plus convenable pour lier ensemble tous les faits principaux.

Lorsque nous eûmes gagné Radicofani, avant
que nous sussions que Sa Sainteté étoit dans la
ville, je fus brusquement entouré par les gendarmes qui se trouvoient de garde, et conduit
avec mes compagnons en présence du général Radet,
qui nous prescrivit, du ton le plus impérieux, et
même sous peine de mort, de garder pendant le
voyage un silence absolu, relativement aux cir-

constances de l'enlèvement du Pape de Monte Cavallo. Après cet avertissement, il nous fut accordé d'être présentés à Sa Sainteté. D'abord, je ne pus m'empêcher, en le voyant si défait et souffrant d'une fièvre convulsive, de faire éclater toute l'expression de ma douleur; et je ne sais ce que sa violence m'auroit fait dire, si je n'eusse été arrêté par le Saint Père lui-même, qui avec la plus grande douceur, et une sérénité d'esprit vrai-ment admirable, m'invita à prier Dieu, qui seul étoit capable, dans sa grande miséricorde, de nous consoler dans nos communes afflictions. Ces pa-roles, exprimées avec cette résignation qui carac-térise si éminemment le Pape, me pénétrèrent jusqu'au fond de l'âme, et me donnèrent de nouvelles forces pour coopérer, autant qu'il étoit en moi, à tout ce que le service exigeoit de nous, et à tous les devoirs que nous étions en état ou qu'on nous permettoit de remplir, jusqu'à ce que le moment fût arrivé de continuer notre voyage à Poggibonzi.

Là, on nous fit descendre à la porte d'un hôtel garni, où le Saint Père fut confiné dans une chambre, dont la porte restoit ouverte, afin qu'il pût être sous les yeux du général Radet, qui, assis fort à son aise dans une chambre contiguë, sur-veilloit tous les mouvemens de sa victime infor-tunée, et mangeoit de l'appétit le plus vorace. Mon maître oppressé ne mangea qu'un œuf pour son repas; et pendant l'excessive chaleur du jour, il reposa sa tête douloureusement affectée sur l'oreiller d'un lit fort dur qui occupoit un bout de la chambre, où il attendoit les ordres de son geolier inhumain pour reprendre la route qui nous étoit tracée.

En dépit des précautions que l'on prenoit pour dérober la personne du Pape à tous les regards, le peuple se douta son voyage, et la nouvelle fatale s'en répandant de tous côtés, on vit bientôt une multitude de pauvres paysans quitter leur ouvrage, s'attrouper autour de l'auberge, et attendre en silence le moment où ils verroient le vénérable captif, et pourroient lui exprimer toute la peine qu'ils ressentoient de sa déplorable situation. Cette attente générale fut trompée par notre cruel conducteur, qui fit ranger les chevaux vis-à-vis la porte par où devoit sortir le Pape, de manière qu'on ne put voir Sa Sainteté; il adressa en même temps aux postillons les plus terribles menaces, pour qu'ils eussent à hâter leur départ de la ville et prendre le grand galop. Ses ordres furent ponctuellement exécutés; les postillons, craignant d'être victimes de sa fureur, partirent avec tant de précipitation, que les chevaux s'embarrassèrent les uns dans les autres, et, à une très-petite distance de la porte de l'auberge, renversèrent la voiture sur un tas de pierres, et précipitèrent la tête en bas monsieur le Général de la place qu'il occupoit au cabriolet, dans une grande mare où se vautroient des pourceaux. Je mis aussitôt pied à terre , pour ouvrir la porte de la voiture, que la chute avoit entièrement brisée , et je tremblois pour les jours de Sa Sainteté. Mais, à ma grande joie, je vis qu'elle ne s'étoit fait aucun mal. Elle étoit visiblement protégée par la bénédiction du Ciel. Cependant elle n'avoit pu se défendre d'un mouvement de terreur, produit par le danger qu'elle avoit couru.

Radet se releva bientôt de son lit infect, la figure noircie de boue, tout bouffi de rage, et couvert de la tête aux pieds de la fange dégoûtante dans laquelle il étoit tombé. Puis, en maudissant les postillons, il fit entrer le Pape et le Cardinal , avec toute la promptitude possible, dans la misérable voiture où j'avois été mené jusqu'ici ; et ne pensant qu'aux moyens d'échapper à la multitude tumultueuse qui se rassembloit autour de nous, il m'ordonna de monter dans le cabriolet à côté de lui ; il enjoignit ensuite aux postillons d'avancer sans arrêter, jusqu'à ce que nous eussions atteint le monastère de la Chartreuse à Florence, ce qui eut lieu à deux heures après la nuit close.

Notre arrivée dans cette enceinte sacrée, étoit connue d'avance de la digne sœur de Buonaparte, la soi-disant Grande Duchesse de Toscane, qui eut la politesse insidieuse et maligne d'envoyer comme d'elle-même un message au Saint Père, pour demander s'il désiroit quelque chose qu'elle fût en état de lui procurer. A ce message inattendu , le

Pape répondit seulement, avec son héroïsme ordinaire : « Je ne connois point la Dame dont vous
» me parlez, et je n'ai besoin en rien de ses ser-
» vices. » Cependant on servit une collation pour
le Pape et pour ceux de sa suite. Mais il ne mangea
presque rien ; car la fatigue continuelle et l'agitation
d'esprit qu'il avoit éprouvées pendant ce court in-
tervalle, lui avoient entièrement ôté l'appétit. Au
bout de la troisième heure, il nous congédia tous
pour chercher quelque repos dans son lit.

A peine m'étois-je couché, ainsi que mes compagnons, à côté de la chambre du Pape, pour
être plus à portée de l'entendre, s'il nous appel-
loit, et de lui répondre sur-le-champ, qu'un Officier
Commandant des Gendarmes à Florence, nommé
Mariot, vint se présenter. Il venoit d'être substitué
au général Radet, qui terminoit ici sa honteuse
mission, et il avoit déjà remis son autorité,
avec toutes les formalités requises, à ce nouvel
argousin. Egal à son terrible prédécesseur, tant par
son air que par ses manières, cet homme voulut
absolument que notre départ eut lieu à l'instant
même, d'autant plus qu'on avoit déjà fait les préparatifs nécessaires. A cette brusque injonction,
je me sentis presque confondu, moins pour moi
sans doute qu'à cause de la barbarie qu'elle annonçoit, en troublant dans son premier sommeil l'infor-
tuné Pontife qui avoit le plus grand besoin de re-

pos. C'est pourquoi tout ce que je pus imaginer pour différer d'obéir à un tel ordre, tous les argumens que me suggérèrent la raison et l'humanité, j'employai tout cela avec la plus grande chaleur, dans l'espérance d'obtenir au moins une heure ou deux de trève et de tranquillité. Enfin cet homme atroce haussant la voix à un degré tel qu'il étoit impossible que le Pape n'en fût pas réveillé, et moi-même craignant de l'exposer à de nouvelles mortifications par de nouvelles instances, j'allai l'informer du changement de notre conducteur et des ordres donnés pour notre départ; il répondit seulement : « que la volonté du Seigneur soit faite, » et il se prépara lui-même en toute humilité à exécuter ce qu'on exigeoit.

C'étoit un dimanche; Sa Sainteté demanda la permission de célébrer la messe; elle essuya un refus grossier. Il en fut de même pour la seconde demande qu'elle fit de pouvoir l'entendre dire par un prêtre. Toute cette précipitation pour accélérer son départ pendant la nuit, tenoit aux ordres exprès du Gounement françois, qui, dans cette circonstance, n'étoit nullement rassuré. Il est très-certain que si le Souverain Pontife eût passé dans les rues de Florence en plein jour, les habitans, qui sont pleins de religion, auroient vivement témoigné leur mécontentement d'une catastrophe aussi déplorable. Il y avoit même sujet de craindre que leur zèle pour la foi catholique ne les portât à quelque tentative violente pour délivrer son auguste Chef, si indignement trahi, si inhumainement traité.

Avant de quitter les Chartreux, comme si notre vénérable Pontife n'étoit pas déjà assez douloureusement peiné et percé au fond du cœur, il plut à Dieu d'éprouver de nouveau sa constance, en le séparant du fidèle compagnon de sa croix, de son disciple chéri, le Cardinal Pacca. Je tremble encore d'émotion, quand je me rappelle la tendre séparation de ces deux ames affectionnées, qui tiroient, au milieu de si cruelles soufffrances, une consolation réciproque de l'idée qu'ils les supportoient ensemble. Il appartient à une main plus habile que la mienne de décrire l'effet de ce terrible moment. Enfin nous avions traversé Florence avant le point du jour, pour aller à Lerici, d'où nous poursuivîmes notre route par le passage montueux et difficile qui conduit au territoire Génois. Ce trajet nous coûta trois jours d'anxiété constante, de fatigues et de souffrances, sauf une nuit passée à Lerici assez tranquillement. Le bruit de l'arrivée du Pape l'avoit précédé jusque dans ces roches continues, et partout où nous passions, hommes, femmes, enfans, se précipitoient dans les rues et sur les hauteurs, pour contempler les traits de leur Pontife suprême.

Arrivés à une maison de campagne, appelée Castagna, située à trois milles environ de Gênes, et qui appartenoit à MM. Spinola, notre commandant donna l'ordre que tout le convoi s'arrêtât, quoique nous fussions en plein jour; il nous intima lui-même qu'il falloit rester quelque temps en cette résidence. Nous profitâmes de ce délai pour nous remettre un peu de nos fatigues; et ce fut toujours dans l'ignorance de ce qui étoit réservé au Saint Père, et en nous flattant nous-même, au milieu d'une foule de conjectures, de l'espoir qu'il seroit gardé ici, au moins pendant deux ou trois jours, que nous nous déterminâmes, trois heures après la nuit close, à chercher un peu de sommeil dans le seul lit qu'on nous donna pour nous tous.

Avant qu'aucun de nous eût fermé la paupière, un certain Boazar, capitaine de la Gendarmerie à Gênes, qui venoit d'arriver ici pour relever Mariot de Florence, nous ordonna, du ton le plus insolent, de nous habiller à la hâte et de le suivre dans l'obscurité de la nuit, avec des lanternes, et sous escorte, dans un endroit où il nous conduiroit. « Quelle sera l'issue de cette expédition nocturne ? » dit un de mes compagnons. Il me semble que c'est » le jardin de Gethsemani, et que je vois encore le » Christ au milieu des bourreaux qui le traînent au » Calvaire. Ce sont là sûrement des préparatifs de » mort, et nous nous y soumettrons tous avec joie, » guidés par l'exemple de notre auguste maître. » Notre nouveau gardien avoit fait préparer deux litières, une pour le Pape, l'autre pour M. Doria; et c'est ainsi que nous fûmes tous conduits au bord de la mer , où l'on nous mit dans une galère ; après quoi on nous fit aller en pleine mer , sans nous dire où l'on devoit nous transporter. Nous voguâmes pendant plusieurs heures dans un profond silence , et , comme nous l'avons su depuis, nous fîmes un circuit autour de Gênes , depuis Castagna jusqu'à Saint-Pierre d'Aréna , où nous débarquâmes à la pointe du jour : nous reprîmes alors notre voyage par terre, et nous allâmes à la Bocchetta.

Si , dans les districts éloignés de la grande route , cette marche précipitée du Pape avoit pu se divulguer , comment la nouvelle de son arrivée à Castagna n'auroit-elle pas été répandue dans tout le territoire Génois avec la rapidité de l'éclair? Cela n'avoit point échappé à la vigilance du Gouvernement français , non plus que les conséquences qui auroient pu résulter d'un séjour prolongé dans cette délicieuse retraite de la famille Spinola. On eut donc recours à un artifice pour tromper le peuple de Gênes, et le tenir en repos; ce fut de répandre le bruit que le Cardinal Spina préparoit le palais Episcopal pour recevoir Sa Sainteté, ruse étrange qui , plus que toute autre chose, montre à la fois les craintes du Gouvernement et l'affection religieuse du peuple pour la personne auguste du Chef suprême de l'Eglise. C'est ainsi que Gênes fut privée du bonheur de voir dans ses murs cet Apôtre persécuté.

De la Bocchetta , nous prîmes le chemin de Novi

pour aller à Alexandrie, où la famille Castellani fut assez heureuse pour recevoir et traiter pendant trois jours un aussi vénérable personnage. Tandis que nous voyagions, la plus grande diligence étoit à chaque instant recommandée par les Gendarmes qui précédoient, suivoient et environnoient nos voitures, afin d'empêcher tous les passans de découvrir quel étoit celui qu'ils gardoient si étroitement; quelquefois même ils annonçoient que le prisonnier étoit un général de marque. Mais toutes ces précautions devenoient inutiles, car le bruit public l'avoit déjà annoncé partout où nous arrivions.

Les ordres despotiques du capitaine Boazar, et les mesures sévères jusqu'ici employées pour dérober le Pape à tous les regards, se maintinrent dans toute leur rigueur par l'extrême vigilance du Général commandant à Alexandrie, qui, pendant tout le temps de notre séjour dans cette ville, refusa absolument d'admettre une seule personne en présence du Saint Pontife, et permit encore moins que qui ce fût conversât avec lui. Il poussa cette ombrageuse sévérité jusqu'à nous défendre, à nous qui étions attachés à son service, de parler entre nous, ou d'avoir la plus légère communication avec les personnes de la maison. Trois jours de résidence, avec tous les soins que prit cette famille illustre, qui mit ses effets les plus précieux à la disposition du Saint Père, rétablirent autant que possible nos corps harassés, et diminuèrent les effets de cette fièvre convulsive, dont le Pape avoit été saisi, et qui ne l'avoit point quitté depuis son enlèvement et son départ de Rome.

Laissant la grande route de Turin, qui ouvre la meilleure communication avec la province du Dauphiné, nous prîmes celle qui conduit d'Alexandrie à Mondovi, où la nouvelle de l'arrivée du Pape nous avoit également précédés. Jamais la population d'aucune des villes où nous sommes entrés, n'a témoigné autant de désir de déployer, de la manière la plus frappante, la dévotion et le respect sincères dont elle étoit pénétrée pour Sa Sainteté, dans ces graves circonstances ; le Gouvernement au contraire affectoit de triompher dans le plus horrible de tous ses attentats, prétendant que partout le peuple applaudissoit à ses horribles procédés. Dans cette ville nous ne fûmes pas visités seulement par des individus isolés, mais des masses entières de peuple et des corporations religieuses se rendirent auprès de nous, avec un saint recueillement, comme il convient enfin lorsqu'il s'agit d'approcher du Vicaire de J.-C. Quelque raison que Boazar pût avoir d'être furieux de ces démonstrations dictées par le cœur, et plus encore du touchant intérêt que prenoient toutes les classes des Fidèles, jusqu'à accompagner Sa Sainteté pendant plusieurs milles, et même au-delà de leur district, il n'en fut pas moins forcé de renfermer son courroux autant qu'il le pouvoit, n'étant pas en état, avec sa petite force militaire , de retenir ou d'empêcher cette ferveur religieuse.

Plus nous approchions de la frontière Française, plus l'enthousiasme croissoit, et ce concours continuel de peuple donnoit véritablement à notre passage l'air d'une marche triomphale. Le Pape ne voulant pas paroître insensible à de telles preuves d'affection, cherchoit à y répondre au moins par des regards paternels. Toutefois c'étoit en vain qu'il s'efforçoit de rappeller sur son visage pâle et défait, l'image de sa tranquillité intérieure, ou de cacher les ravages de la fièvre qui le dévoroit sans cesse, chacun de ses regards ne servoit qu'à faire naître la compassion dans le cœur de tous les spectateurs, et à tirer de tous les yeux les expressions les plus vives d'une peine concentrée dans l'ame. Dites, collines fortunées du Piémont, vous vallées, vous montagnes, dites maintenant quelles étoient les prières, quelles étoient les bénédictions qu'on demandoit, les mains tendues vers le Ciel, et qu'on imploroit du distributeur de toutes les grâces pour sa personne sacrée !

Enfin nous laissâmes l'Italie, et nous entrâmes dans la province Française du Dauphiné, où, comme nous l'avons su d'après les événemens ultérieurs, on avoit l'intention de fixer définitivement la résidence de Sa Sainteté. Dans chaque département, le Pape fut accueilli avec une vénération universelle ; et dans les auberges publiques comme dans les maisons des premiers Magistrats, le Saint Père reçut des témoignages unanimes d'un hommage sincère, tandis que le peuple, à chaque halte, suivoit l'exemple qui lui étoit donné, disputant d'une noble émulation.

A quelques milles de Grenoble, nous fûmes assaillis d'un violent orage qui perça dans les voitures et nous trempa tous, comme si on nous eut fait passer à travers une rivière. Le Saint-Père essuya également la tempête; et il en devoit souffrir plus que tous les autres, sa complexion naturellement déicate donnant lieu en tout temps aux plus vives appréhensions. Mais on ne doit pas supposer ici qu'il ait donné des signes d'inquiétude d'esprit, ni qu'on l'ait surpris à montrer quelque symptôme qui auroit décélé ou de l'impatience ou de l'inquiétude, ou un juste ressentiment contre ses oppresseurs. Loin de là, cette politesse aimable qui lui étoit si naturelle, cette indifférence apparente avec laquelle à Rome il quitta son trône pour aller trouver la mort, comme, en effet, il l'auroit pu croire, il les conserva toujours au milieu de toutes les tribulations de son désastreux voyage; et durant l'exécution des ordres les plus barbares de Buonaparte et de ses Ministres impies, il ne fit jamais paroître le moindre indice du plus léger sentiment de vengeance, mais il laissa au Ciel, dans son jour de miséricorde, le soin de faire repentir ses cruels bourreaux des amertumes sans nombre dont ils l'ont abreuvé. Il me seroit impossible de peindre le caractère imperturbable qu'il a constamment soutenu aux yeux du monde, caractère qui excitoit partout la plus haute admiration et le plus vif intérêt pour des souffrances supportées avec tant de dignité; pour moi, cette conduite m'a paru d'autant plus héroïque, que je savois combien son cœur étoit torturé par les réflexions qui naissoient de sa situation, comme Souverain de Rome et père universel de tous les Fidèles. Est-il concevable que dans ces circonstances, son imagination ardente ne lui ait pas continuellement rappellé les idées de sa grandeur passée et cette sainte union, qu'il avoit contractée, comme Chef de l'Eglise Chrétienne, avec des millions de Catholiques répandus sur toute la terre? Je suis bien persuadé que toutes ces pensées ont agité et déchiré son âme sensible, et je conçois quels profonds soupirs elles lui ont fait jetter au pied du Crucifix, dans la solitude de sa chambre et la silencieuse obscurité de la nuit. Cependant, d'après toutes les apparences extérieures, en dépit de toutes ces souffrances multipliées, il fut toujours égal à lui-même, comme s'il n'y eût pas eu en lui une source sans cesse renaissante de douleur et d'affliction. Quel argument incontestable en faveur de la vertu inaltérable et de la sainteté qui ont accompagné toutes ses démarches!

A Grenoble, le Saint Père descendit à l'Hôtel de la Préfecture, où il fut reçu par le Sous-Préfet, en l'absence du Préfet, qui, homme respectable à tous égards, ne jugea pas convenable de servir d'instrument à son Gouvernement dans le mépris sacrilége de l'autorité Pontificale. Il n'y a pas de doute que Boazar et l'Empereur lui-même ne se soient flattés que le Pape seroit abandonné, et perdroit tous les applaudissemens et la vénération qui l'avoient suivi jusqu'ici ; qu'enterré pour jamais dans une profonde retraite, le souvenir d'un Pape, Souverain de Rome, s'effaceroit par degrés. Dans le fait, la surprise de Radet, de Mariot et de Boazar, fut extrême, lorsqu'en Italie, malgré leurs tyranniques précautions, ils virent des gens de tout âge, de toute condition accourir en foule de toutes parts, pour rendre leur sincère et légitime hommage au Chef suprême de la Religion Catholique. Quant à Boazar, soupçonnant l'exprès qu'il envoyoit poste par poste annoncer sa route, d'avertir que le Pape alloit arriver, et d'attirer par là le concours prodigieux de peuple qui, à son passage, le recevoit toujours avec acclamation, il jugea à propos, avant notre entrée sur la frontière de France, de consigner cet homme ; et pour que désormais ses mesures ne fussent pas déjouées, il se fit lui-même le Héraut de ses brillans exploits.

Mais combien ses idées étoient fausses et insensées ! à son grand étonnement et surtout à sa honte, Boazar étoit maintenant condamné à s'assurer et à se convaincre par ses propres yeux, même en

France, de l'ascendant de notre sainte Religion sur les cœurs de tous les Fidèles. Ce fut en vain que le Sous-Préfet, le Commandant militaire de Grenoble, et Boazar lui-même, prirent toutes les mesures imaginables, particulièrement en faisant garder plus étroitement Sa Sainteté, pour prévenir ou disperser l'immense concours du peuple ; car dès le premier jour de son arrivée dans leur ville, il accourut de toute la contrée environnante une si grande multitude pour contempler le souverain Pontife, et baiser ses pieds sacrés, qu'il devînt nécessaire d'aviser aux moyens de donner une sage direction à cette pieuse ardeur ; en sorte qu'après qu'il eût été fixé, dans un jardin contigu, un endroit convenable, où le vœu général pût être satisfait sans danger, plusieurs heures dans la journée furent désignées pour l'admission des milliers d'habitans qui affluoient de toutes parts. On suivit la même marche pendant dix jours consécutifs, sous la protection d'un nombre de Gendarmes suffisant pour tenir le peuple en respect, ce peuple dont la vénération, quoiqu'exaltée, étoit silencieuse. L'Évêque, homme de mérite et d'une profonde piété, fut le seul qu'on empêchât, chaque jour, par des artifices multipliés, de jouir de la présence du Pape ; peut-être parce qu'on craignoit les conséquences d'une entrevue pastorale. Pendant la nuit du douzième jour de notre résidence à Grenoble, soudain des ordres furent donnés pour nous transporter à

Valence ; et la raison de ce départ si subit , étoit d'éviter les suites fatales qui pouvoient résulter d'un nombreux rassemblement du peuple, qu'on avoit entendu ce jour - là manifester hautement des sentimens d'insubordination contre le Gouvernement, attendu que le Pape ne s'étoit pas montré dans le jardin à l'heure accoutumée. Le Saint Père avoit cru ne devoir pas paroître, quoique la permission lui en fut donnée, parce que Boazar ne pouvoit être présent , et que, de son côté, le sous-préfet étoit engagé à quelque dîner somptueux ; et il avoit pris cette sage résolution, pour éviter de devenir responsable de tout événement contraire au bon ordre. Mais le peuple qui ne savoit rien de sa prudente détermination , et soupçonnant peut-être qu'il se tramoit quelque violence contre sa personne sacrée , éclata en murmures. En conséquence de ce mouvement, on donna l'ordre positif de hâter notre départ pour Valence, où nous logeâmes dans une misérable auberge, le Saint Père étant obligé de chercher du repos sur l'un des plus mauvais lits qu'on puisse imaginer. Ce fut un bien pour nous tous qu'à l'aube du jour, on nous ait fait aller directement à Avignon.

Il est impossible de comprendre pour quel motif Boazar permit que cette ville fut traversée en plein jour et avec si peu de précaution, par son légitime souverain, le Pape ; cette ville où il existe toujours tant de nobles monumens de la munificence des anciens Pontifes, monarques absolus de tout ce beau pays. Si ce fut purement l'effet de son ignorance et de son ineptie, il en faut rendre grâces au Ciel ; mais si cela se fit par une vaine et téméraire ostentation, ou par ce mépris souverain qui foule aux pieds les droits les plus sacrés, Boazar étoit coupable d'un acte aussi mal calculé que profondément pervers ; ce Boazar ne doit pas maintenant se féliciter de sa criminelle hardiesse.

La nouvelle de l'arrivée du Pape à Avignon se répandit comme un incendie ; en sorte qu'en très-peu de temps, toute la ville s'étoit portée autour de sa voiture, saluant son Souverain avec des cris de joie, lui rendant hommage comme au légitime successeur de Saint Pierre, témoignant enfin de mille manières le respect dû à un aussi grand personnage. Tous jurèrent fidélité et obéissance au Pape, tous exprimèrent leur horreur pour le gouvernement existant, comme illégal et tyrannique : en vain Boazar cherchoit-il de la voix et du geste à effrayer les habitans, tous ses efforts étoient perdus dans le bruit éclatant du triomphe et de la joie. En ce moment critique, la soldatesque qui étoit mêlée et confondue avec la multitude, devint pâle et tremblante, manquant de courage pour recourir aux armes, ainsi que le vouloit l'imprudent Boazar dans l'explosion de sa fureur. Afin que le tumulte n'allât pas plus loin, et pour empêcher le peuple du pays environnant de se réunir aux Avignonais déjà tous rassemblés, il fit fermer les portes de la ville, ne laissant ouverte que celle par où nous devions sortir. Nous demeurâmes environ vingt minutes l'objet de ce mouvement populaire, si glorieux pour Avignon, et qui sera éternellement célèbre dans ses annales, jusqu'à ce que Boazar, le regard furieux, les deux mains armées de pistolets chargés, traversant avec ses soldats la foule animée, se fût soustrait aux dangers qui le menaçoient, et eût précipitamment quitté la ville, avec le Pape et sa suite, dans un désordre extrême.

Dans l'espace étroit qui nous avoit été accordé, chaque habitant d'Avignon avoit mille choses à dire, mille questions à faire. Par exemple, un homme d'un air doux et d'un ton poli vint à moi et me demanda « s'il étoit vrai que le Pape eût » formellement excommunié l'Empereur Buona- » parte? » Sur ma réponse laconique que je ne le satisferois pas parce qu'il y alloit de ma vie, si je parlois, « cela me suffit, dit-il, je ne veux pas vous » compromettre; mais en tout cas, le Diable ne » fera pas cuire dans sa chaudière un plus méchant » homme; » après quoi, il alla se perdre dans la foule.

A quelque distance d'Avignon, nous reçûmes un ordre de Paris de ne pas avancer plus loin sur le territoire de France, mais de retourner par l'in- térieur de la Provence en Italie, dans la direction de Nice, où nous devions attendre ce qui seroit

décidé au sujet de notre résidence définitive. Cependant le contenu entier de cet ordre ne nous fut
pas communiqué à la fois ; mais nous continuâmes
notre voyage dans le plus profond mystère, sans
pouvoir deviner en quel endroit nous devions
rester. Cet ordre de marche rétrograde fut pro-
bablement donné en conséquence des informations
envoyées au Gouvernement par le sous-préfet de
Grenoble, et les principaux magistrats des autres
villes sur notre route, qui tous avoient été témoins
du dévouement religieux avec lequel le Pape
avoit été accueilli dans chaque pays et par toutes
les classes du peuple. Il étoit naturel alors d'éloi-
gner de la France un monument visible de la per-
fidie de Buonaparte, et d'essayer d'étouffer dans
quelque contrée éloignée, la splendeur de cette
lumière céleste que le Pape répandoit partout par
sa présence sacrée. « Qui sait même, peut s'être
» dit l'Empereur, dans les intervalles de sa fréné-
» sie, qui sait si des flammes dévorantes ne descen-
» dront pas du Ciel, à mesure que le Pontife ap-
» prochera de plus près du cœur de mon Em-
» pire ? Qui sait quels revers imprévus peuvent
» fondre sur ma tête, revers par lesquels mes
» plans audacieux pourroient être renversés, et les
» crimes que j'ai commis se montrer dans toute
» leur noirceur ; surtout avec cette dernière offense
» qui doit me dévouer à la juste vengeance du
» Vatican ? Non, non, que le Pape retourne sur

» ses pas, qu'il retourne en Italie, je songerai alors
» à prendre d'autres mesures à son égard. »

Nous poursuivîmes notre voyage à Nice par les
routes les moins fréquentées; malgré cette précaution, Boazar se voyoit forcé, à son grand regret,
d'être spectateur de l'accueil triomphal qu'on faisoit
au Pape, partout où il passoit : le peuple exprimant
partout, par des larmes et des signes de tendresse,
la pitié douloureuse qu'excitoit en lui son sort malheureux qui le soumettoit ainsi au caprice d'un barbare conducteur. A Nice, on avoit été informé, par
le bruit général, de sa prochaine arrivée, et on
avoit eu le temps de faire les préparatifs convenables
pour le recevoir et venir pieusement à sa ren-
contre.

A quelques milles de Nice, il y a un pont sur
la rivière Varo, qui sépare les états de France de
ceux de la Maison Royale de Savoie; ce pont, qui
est d'une longueur extrême, est construit avec si
peu d'art et de solidité, que les voyageurs sont
obligés de descendre de leurs voitures et de le
passer à pied, crainte d'accident. Le Pape fut
contraint de suivre l'usage : sous un soleil ardent,
toujours dévoré par la fièvre, il quitta son mauvais
carrosse, et marcha à l'autre extrémité du pont,
avec tous ceux qui l'accompagnoient : heureusement
que cette marche pénible ne fut pas de longue durée.

Au moment qu'il descendoit de voiture, il vint
s'offrir un spectacle touchant. Une multitude im-

mense s'étoit déjà rassemblée, non pas comme auparavant, le long des routes, en désordre et avec précipitation, mais tous gardant la plus grande décence, et distingués l'un de l'autre selon le rang et l'état qu'ils avoient dans la société. Il y avoit des ecclésiastiques vêtus des habits de leur ordre, des gentilhommes avec leurs devises illustres, des négocians dans leur costume, des artisans dans leurs simples vêtemens. Tous se prosternèrent à terre au même instant et levèrent les mains vers le Ciel, prononçant des paroles de respect filial, et disant d'une voix pénétrante, « Saint Père, accordez-nous votre » bénédiction. » En lisant cette lettre, on éprouvera sans doute à ce passage une vive émotion intérieure, un profond sentiment d'affection et de piété, qui doivent même augmenter, si l'on songe aux transports divins que Sa Sainteté doit avoir sentis, en voyant au milieu de la foule, agenouillée à ses pieds, et soutenue de chaque côté par ses deux innocens enfans, la vertueuse reine de Toscane. Le tableau de la joie et de la surprise ne sauroit être ni plus complet ni plus religieux; mais tandis que ces deux augustes personnages essayoient en vain, dans les réflexions qui s'offroient en foule à leur esprit, de donner un libre essor à leurs sentimens, et d'exposer l'un à l'autre l'étrange vicissitude de fortune qui les réunissoit pour la première fois depuis leur première glorieuse entrevue à Florence, Boazar donna l'ordre d'avancer; ce qu'on fit à l'instant même , quoique l'infortunée (1) reine fut accablée de chaleur et de fatigue , par la longueur du pont qu'elle étoit encore obligée de passer à pied.

---

(1) Cette Princesse, plus connue sous le nom de reine d'Etrurie , a écrit elle-même ses Mémoires en italien , et les a publiés à Rome. Ils ont été traduits par le traducteur de cette Relation , et ont été lus avec le plus vif intérêt. Eh! qui ne seroit pas touché des malheurs d'une jeune Reine, indignement calomniée, horriblement maltraitée , chassée de ses Etats , livrée aux insultes d'une soldatesque insolente , souvent privée des choses les plus nécessaires à la vie , et enfin renfermée dans une de ces maisons de force où l'on jette avec mépris le rebut de son sexe.

Quel fut son persécuteur et son bourreau? Cela ne devroit pas se demander. Quel autre que le bourreau de sa famille auroit pu se résoudre à traiter avec cette cruauté une jeune femme , une Reine, une fille du roi d'Espagne , une Princesse de la Maison de Bourbon. Indépendamment de la haine qu'il lui portoit comme étant d'une famille naturellement ennemie de la sienne , Buonaparte vouloit la faire mourir pour ne pas lui payer une pension qu'il lui avoit solennellement promise.

Voici en deux mots l'histoire déplorable de cette Princesse. Reine à vingt ans ; veuve et mère de deux enfans à vingt-un ans ; chassée du trône à vingt-cinq ; elle est renvoyée à ses parens à Madrid , et avec eux ramenée de Madrid à Bayonne , où elle apprend qu'ils ont cessé de régner ; de là conduite par des Gendarmes à Fontainebleau , de Fontainebleau à Lyon , et de Lyon à Nice , où les mauvais traitemens allant toujours en augmentant , elle chercha les moyens de s'y soustraire ; d'autant plus que ses parens , qui avoient cru les bruits calomnieux que Buonaparte

Au bout du pont, la foule et ce spectacle d'é-
dification ne cessoient pas ; au contraire, la multitude des Fidèles croissoit sans cesse, se portant
à droite et à gauche autour des voitures, sur le

---

répandoit contré elle, la tourmentoient aussi de leur côté.

On lui fit un crime capital de ce désir si naturel de se
soustraire à une double tyrannie. Une commission militaire
établie à Paris pour en juger, prononça la peine de mort
contre deux de ses Gentilhommes, qui, avec huit autres
individus, étoient entrés dans ses sentimens et avoient
cherché à lui ménager un refuge en Angleterre. L'un des
deux, condamné, fut exécuté à Paris dans la plaine de
Grenelle ; l'autre, ainsi que ses camarades, fut renfermé
dans une maison de force, d'où notre heureuse révolution
les a fait sortir. Pour ce qui regarde la reine d'Etrurie, à
Lyon, un commissaire de police voulut lui persuader qu'elle
avoit aussi encouru la peine de mort, mais que, par une
grâce spéciale, l'Empereur avoit bien voulu commuer cette
peine en celle d'une détention perpétuelle dans une maison
de force.

Elle y fut conduite en effet, comme la dernière des
femmes ; elle y est restée jusqu'à la chute du tyran : c'est là
que cette infortunée Princesse a passé deux ans et demi,
exposée aux reproches insultans du général Miollis, qui
figure encore dans cette histoire, sans parler à personne,
sans pouvoir même embrasser librement son fils, qui pourtant se trouvoit à Rome avec le roi et la reine d'Espagne,
détenue enfin dans un cachot aussi obscur que malsain.

Marie-Louise de Bourbon, fille de Charles IV, roi d'Espagne, cousine de Louis XVI et du duc d'Enghien, demandoit encore, il n'y a pas long-temps, du pain à l'Angleterre.

chemin qui conduit à la ville, dont les rues étoient jonchées de fleurs, jusqu'à l'hôtel du maire où nous devions loger. Une aussi brillante réception doit avoir été très - peu agréable à Boazar, qui la regardoit sans doute comme disparate avec le traitement dû à un prisonnier d'Etat; et la circonstance que pareille chose étoit arrivée aussi à Nice, où il n'y avoit que très-peu de force militaire, et où la multitude rassemblée de tout le pays environnant, augmentoit le nombre des habitans, n'étoit pas propre sans doute à le remettre de bonne humeur. Il fut forcé d'accorder plusieurs heures dans la journée au peuple, pour être admis à baiser les pieds de Sa Sainteté; et de plus il se vit dans la nécessité, pendant les trois jours de notre résidence en cet endroit délicieux, de se relâcher beaucoup de la rigueur excessive qu'il avoit jusqu'ici observée à l'égard de son captif. Pendant tout ce temps, Nice fut constamment illuminée, même dans le jour, et avec une telle profusion, qu'au lieu d'avoir seulement deux lumières sur chaque fenêtre, les habitans y mettoient autant de lampes et de flambeaux qu'elles en pouvoient contenir. Quelle différence entre ces illuminations qui étoient les véritables impulsions du cœur, et celles que commande le Gouvernement français, sous peine d'amende en cas d'inexécution! Outre l'affection vraiment filiale qu'elle annonçoit pour le Pontife, cette illumination devenoit d'un très-grand avantage à un millier de personnes, qui, profitant de la saison d'été, passoient toute la nuit à veiller et à chanter des hymnes, autour de l'hôtel du Maire; circonstance dont plusieurs tiroient de grandes consolations.

Au milieu de tant de traits glorieux, dignes du pinceau de l'Histoire; au milieu de la joie qu'éprouvoient tous les habitans de Nice et de son territoire, d'avoir pour hôte le premier personnage du Monde Chrétien, qui auroit cru que la noble Reine d'Etrurie étoit plongée dans la plus profonde affliction, en ce qu'il lui étoit défendu d'approcher de Sa Sainteté? Cependant tels étoient les ordres barbares de ce Boazar. Tout homme qui a quelque sentiment d'humanité, ou qui a eu le bonheur de connoître les vertus éminentes et la piété éclairée envers le Saint-Siége, que cette illustre Princesse a toujours professées; tout homme qui est pénétré de cette affection respectueuse qu'elle a toujours témoignée au Souverain Pontife, cet homme-là seul peut concevoir les tourmens de sa situation, d'être ainsi privée de l'aspect du Saint Père, et de ne pouvoir lui parler en liberté. Une défense aussi douloureuse ne pouvoit que répandre de l'amertume sur son séjour à Nice; séjour digne néanmoins, sous d'autres rapports, d'un souvenir éternel, et auquel le Saint Père a toujours songé avec ravissement, pendant toute la durée de son déplorable exil.

Enfin arriva l'heure destinée pour notre départ

de cette ville agréable ; nous fûmes obligés d'aller à Savone, où une résidence d'un accès moins facile nous étoit réservée. Pendant notre voyage, Boazar prit soin de nous faire quitter la route le long de la côte, et nous conduisit par des chemins de traverse dans les montagnes. Malgré cette nouvelle précaution, toujours même foule pour rendre hommage au Pape. Les Communautés religieuses dans les habits de leurs ordres ; des illuminations au milieu des arbres à la chûte du jour ; des hymnes chantées avec harmonie et précision ; toutes ces pieuses et tendres démonstrations nous accompagnèrent tout le long de la chaîne de montagnes qui s'étend de Nice à Savone.

Le Saint Père fut reçu dans l'hôtel du Maire de Savone, membre de la famille de Santon, et bon Catholique, qu'on avoit forcé de prendre cette place, et qui, dans tout ce qui le concernoit, n'a jamais manqué de donner tous les témoignages possibles de déférence et de respect pour son Hôte sacré. Il étoit redevable de sa persévérance dans ces sentimens religieux à sa mère, qui, dans cette occasion, donna aussi des preuves frappantes de sa piété sincère et du sentiment de ses devoirs envers le Vicaire de J.-C. Pendant les quatre jours que nous avons passés chez eux, nous avons joui de toute la liberté qui pouvoit nous être accordée, et il fut permis aux fidèles habitans de Savone, et du district environnant, d'aller recevoir la bénédiction Papale.

Ces quatre jours s'étoient à peine écoulés dans cette tranquillité passagère, lorsqu'il fut donné ordre à l'Evêque de Savone, dont la piété est connue, de quitter son palais Episcopal et de le mettre à la disposition du Pape et de sa suite. Des logemens y furent assignés pour chacun des individus attachés à son service; l'appartement préparé pour le Saint Père, étoit composé d'une chambre, d'une petite antichambre et d'un salon de compagnie à l'extérieur du bâtiment. Cependant notre commandant Boazar étoit disparu de Savone, ayant encouru, disoit-on, la disgrâce de l'Empereur, par sa conduite imprudente à Avignon. Peut-être Dieu a-t-il voulu que le châtiment qu'il avoit mérité par la manière dure et grossière dont il s'étoit conduit envers le Pape, pendant ce triste pèlerinage, tombât sur sa tête des mains même de l'Empereur, dont il avoit si cruellement secondé la profonde perversité.

A notre entrée dans le palais Episcopal, nous vîmes tous qu'il s'étoit fait quelque grand changement à Paris, relativement à la manière dont le Pape devoit être traité, et qu'on s'étoit arrêté à un nouveau genre d'artifice, pour colorer l'arrestation de Sa Sainteté aux yeux du monde, et calmer le morne mécontentement qui régnoit partout, en prodiguant des attentions honorables et respectueuses.

Le premier effet de ce nouveau trait de politique, fut d'amener sur la scène, avec tout le cérémonial de l'étiquette et de la dignité, l'un des premiers maîtres de cérémonies à la Cour Impériale, le comte Salmatoris, de Turin ; qui ayant été de bonne heure initié, et étant profondément versé dans les mystères de la représentation, pendant les jours brillans de sa première souveraine, la Maison Royale de Savoie, se crut dans l'impossibilité d'exister, après sa chûte, sans venir offrir les fruits de sa longue expérience à Paris, où, en conséquence, il devint pour ainsi dire fondateur et père du cérémonial adopté par la Cour de Buonaparte, alors obscure et dans l'enfance. Il n'étoit pas mal intentionné au fond, et même il a conservé pendant sa vie un caractère moral respectable, qui fait regretter davantage qu'il ait prostitué ses talens, d'abord au service d'un Buonaparte, et ensuite à l'exercice de la commission dont il se chargea pour le Pape à Savone, de la part de cet infernal tyran.

Pour juger des offres qu'il fit et du ton général du système adopté, il faut conclure qu'il avoit carte blanche de l'Empereur, et qu'il lui étoit ordonné de mettre la maison du Pape sur le pied de l'établissement d'un Prince souverain du premier rang. La table de Sa Sainteté étoit sous la direction illimitée de son cuisinier ; voitures, chevaux, livrées, rien ne fut épargné de ce qui pouvoit contribuer à sa magnificence extérieure ; et par une profusion vraiment impériale, tous les domestiques pouvoient demander jusqu'à cent louis d'appointemens par mois, pour chacun d'eux. Voyant que le Pape n'avoit qu'une lampe de cuivre et une écritoire commune, M. de Salmatoris lui présenta aussitôt un superbe lustre d'argent, et une écritoire en or richement travaillée. Mais le Pape, qui ne s'en laissoit point imposer par ces apparences théâtrales, et qui savoit très-bien qu'il ne cessoit pas d'être captif, tandis que ses larmes couloient avec celles de toute l'Eglise Catholique, refusa constamment tout ce qui lui étoit offert pour sa personne, et défendit à ses domestiques de rien accepter au-delà de l'absolu nécessaire. Ce systême étant fixé et établi, comme une règle immuable de conduite, tout l'édifice cérémonial du comte Salmatoris fut nécessairement renversé. On nous donna plus de liberté à Savone que partout ailleurs ; nous pouvions aller et venir comme nous voulions, et même le Saint Père put se montrer en public et dans les rues, aussi souvent qu'il lui plut de le faire. Néanmoins personne de sa suite n'alla dans la ville, excepté pour affaires de nécessité, et le Saint Père lui-même ne quitta son hôtel que deux fois pendant tout le temps qu'il y demeura ; une fois pour visiter le sanctuaire de la Madone, et une autre fois pour célébrer la grand-messe dans la Cathédrale. A une certaine heure du jour, dans le beau temps, il descendoit, pour prendre quelque exercice et rétablir un peu le délabrement de sa santé, dans un petit jardin appartenant à la résidence épiscopale, qui n'avoit que cinquante

pas de longueur ; ce fut le seul avantage qu'il retira de toute la liberté qu'on lui laissa.

Aussitôt qu'il fut généralement connu que le
Pape ne seroit plus déplacé pour voyager , comme
auparavant, pendant des jours entiers sans prendre
un moment de repos, mais qu'il étoit enfin fixé dans le
palais Episcopal de Savone, qui en effet étoit une
douce prison, un grand nombre de fidèles eurent
recours à lui pour remédier aux maux de leur
conscience, qui s'étoient excessivement multipliés
pendant la triste condition à laquelle l'Eglise étoit
réduite, et dans l'absence de tant d'Evêques et de
dignitaires ecclésiastiques , qu'on avoit renversé
de leurs siéges. Le Saint-Père fut en conséquence
assez occupé à répondre à une infinité de pétitions
qu'on lui présentoit de toutes parts , et dans ce tra-
vail, il fut constamment soulagé et assisté par l'as-
siduité de l'Evêque de Savone, Monseigneur Doria.
Le bon Pasteur éprouva une grande consolation intérieure d'être ainsi rendu à la liberté de pourvoir
aux besoins spirituels de ses brebis ; et son esprit
fut en même temps assez agréablement distrait ,
pour lui faire en quelque sorte oublier sa condition
comme prisonnier, et la distance où il étoit de sa
Capitale.

Cependant le général César Berthier arriva , nous
ne sûmes point pour quel objet. Il voulut bien
d'abord donner son approbation à tout ce qui avoit
été fait en faveur du Pape et de sa Maison. Ensuite

il prit un air de commandement et d'importance, et tenoit tous les jours une table magnifique, à laquelle les premiers personnages du pays étoient constamment invités. On observa d'ailleurs qu'il n'y avoit pas grande harmonie entre le général Berthier et le comte Salmatoris, et que la froideur augmenta continuellement entre eux, jusqu'à l'époque du rappel de ce dernier à Paris. Quand Berthier demeura seul comme chargé d'affaires, il continua à traiter le Pape avec tous les égards et le respect possibles ; mais il exigea que son lever se tînt toujours ou en sa présence ou en celle du capitaine des gendarmes, et il ne fixa pas d'autre moment pour l'expédition des affaires publiques. Il insista aussi sur ce qu'on l'informât exactement du contenu de toutes les pétitions, qui devoient être exclusivement bornées aux matières spirituelles et ecclésiastiques.

Malgré toutes ces restrictions qui empêchoient Sa Sainteté de donner publiquement son opinion sur des objets de jurisdiction civile, elle put néanmoins, soit par nous-mêmes, qui étions attachés à son service, et avions la permission de converser avec les personnes de dehors, soit par le moyen d'une correspondance, qui lui fut adroitement ménagée, de faire connoître tous ses sentimens, comme suprême organe de notre Sainte Mère l'Eglise. De là sont résultés, en faveur des fidèles, des avantages spirituels sans nombre, particulièrement en ce qui cŏncerne le mariage. A la fin les pétitions de tout genre furent indistinctement admises, et Berthier parut ne vouloir plus s'en occuper.

Je m'imagine que ce fut au moyen de ces pétitions présentées au Pape, que Sa Sainteté fut informée des horribles spoliations que la Sainte Eglise éprouvoit continuellement par l'application forcée des nouvelles lois promulguées en France, autant que par la scandaleuse conduite de quelques ecclésiastiques constitués en dignité, qui s'étant laissé aller à une malheureuse passion de se croire indépendans du Saint-Siége, et refusant de le reconnoître comme le chef de la mission apostolique, ont pris la dignité Episcopale sur le choix de la Puissance temporelle usurpatrice, et, dans ce caractère, ont disposé, comme patrons, des biens de leurs Eglises, agissant plutôt comme des loups que comme des pasteurs. A l'égard de ces ecclésiastiques, le Saint Père n'a jamais cessé, même de sa prison, de leur faire connoître toute la force de son autorité, pour maintenir l'unité de l'Eglise et la stabilité de ses doctrines ; et il a spécialement envoyé à Paris, à Florence et à Asti, trois bulles contre les trois évêques de l'élection de Buonaparte. Il tenoit dans ces bulles le langage austère de l'autorité apostolique ; d'un autre côté, il employa tous les moyens dont il pouvoit disposer pour ramener ces prétendus évêques à leur devoir, sans user du moindre mé-

nagement envers l'auteur d'aussi énormes scan-
dales.

Il faut croire que les vérités exprimées dans ces
lettres apostoliques étoient autant de coups de fou-
dre , non-seulement pour les évêques élus , mais
pour l'Empereur , qui les avoit fait élire ; car aussitôt qu'elles parurent, les ordres les plus rigoureux
furent envoyés de Paris , pour procéder à l'examen
des papiers de tous les domestiques du Pape , et
ces ordres furent affichés , le 6 janvier , à la porte
de la chambre de chacun , lorsqu'on vint mettre
les scellés sur tous les écrits qu'on put trouver. Le
jour suivant , tandis que le Pape prenoit son exercice accoutumé dans son petit jardin , on fit perquisition dans son appartement ; tout ce qu'il y
avoit fut soigneusement examiné , on inspecta même
jusqu'à sa garde-robe , article par article , et les
scellés furent mis sur ses bréviaires , ainsi que sur
le service d'une Madone ; on fit partir ensuite tous
ces effets , conformément aux instructions reçues.

Lorsqu'on vint informer le Pape de cette rigou-
reuse perquisition , et des précautions qu'on avoit
prises , jusqu'à enlever ses bréviaires et le service de
la Madone , il entendit tout avec sa présence d'esprit
ordinaire , et ne s'en occupa plus. On lui retira
son écritoire et tout ce qu'il falloit pour écrire , et
il lui fut défendu de tenir désormais aucune correspondance. Toutes les mesures adoptées furent d'une
extrême sévérité ; le général Berthier lui-même

ne reparut plus, sa place ayant été prise par un capitaine de gendarmes qui nous traita avec la dernière rigueur, comme si nous étions des criminels d'État. Le préfet (1) vint, avec la force armée, intimer au Pape qu'il étoit confiné dans sa chambre, et il fit faire la même communication à toutes les personnes de sa suite ; de sorte qu'aucun de nous ne put passer les portes du Palais Épiscopal. « C'est maintenant, dit le Pape, que » je suis réellement captif ; au reste, je l'ai bien » été depuis qu'on m'a arraché de mon trône ; fer-» mez toutes les portes que vous voudrez, cela » m'est indifférent. » On lui dit ensuite que la table qui lui étoit auparavant accordée, seroit retranchée, et que dorénavant tout individu, y compris le Pape lui-même, seroit réduit à cinq paoli par jour (environ 40 sols) ; et ce traitement devoit fournir à toutes les dépenses. Le seul souvenir de la rigueur avec laquelle on exécuta les ordres de l'Empereur, me fait encore frissonner ; mais il en fut ainsi.

Il étoit impossible avec cinq paoli par jour de faire face aux dépenses ordinaires de la vie, même avec la plus grande économie, particulièrement dans l'hiver et dans un pays où le chauffage est horriblement cher. Les habitans de Savone, qui connois-

---

(1) C'étoit M. le baron de Chabrol, aujourd'hui préfet du Département de la Seine.

soient cette nouvelle disposition, suppléoient souvent de leur bourse à ce qui nous manquoit ; la cruauté révoltante avec laquelle on nous traitoit ; devint, dans chaque famille, le sujet de la conversation ; les Français eux-mêmes écrivirent à Paris, et leurs lettres établissoient sans ménagement l'affreuse détresse où nous étions réduits. Au bout de quinze jours cet ordre fut révoqué, et la table et toutes les dépenses accessoires furent remises sur le pied d'une espèce de liste civile, payable par le Gouvernement.

Malgré ce changement dans le plan général de notre entretien, la rigueur de notre captivité ne se relâchoit d'aucune manière. Elle fut au contraire si strictement maintenue, que quand notre linge devoit être envoyé au blanchissage, il falloit le remettre, pièce par pièce, en présence des gendarmes, et on en prenoit régulièrement note. On sut après que nos geoliers poussèrent l'inhumanité jusqu'à retenir les offrandes que les fidèles nous envoyoient secrètement. En un mot, toute communication extérieure étoit absolument fermée ; et, depuis que mon compagnon, André Martelli, avec le domestique du chambellan, et un secrétaire privé de Sa Sainteté, fut emmené au donjon de Fenestrelle, nous crûmes tous qu'un pareil sort nous étoit réservé.

Tandis que je me confirmois de plus en plus dans cette idée, je n'en étois pas moins agité par la réflexion que j'avois en ma possession quelques effets particuliers appartenant au Pape, que je n'aurois pas voulu pour toute chose au monde voir tomber entre des mains aussi infâmes, comme cela pouvoit arriver dans l'évènement de mon emprisonnement que je soupçonnois prochain; je communiquai donc au Saint Père ma résolution de lui remettre le tout, afin que je fusse tranquille à cet égard, quelque chose qui arrivât. « A quoi songez-» vous là, répondit Sa Sainteté; quelque impie que » soit le Gouvernement français, je ne puis sup-» poser qu'il aille jusqu'à me priver de vous, qui » êtes le plus ancien de mes serviteurs, et dont » j'aime à réclamer les bons offices. Il est possible » pourtant, continua le Saint Père, en parlant de » D. Giovanni Soglia, premier valet-de-chambre, » qu'ils veuillent aussi me l'enlever, et peut-être » me laisseront-ils sans un prêtre pour célébrer la » Messe en ma présence. Résignons-nous toujours, » mes enfans, à la volonté du Seigneur. »

Trois jours après lui avoir remis, à mon grand regret, tous ses effets, je fus emprisonné avec ce même D. Giovanni Soglia, Ceccanni le chirurgien, et Bertoni, second valet-de-chambre. Pour exécuter cette commission avec dextérité, le capitaine des gendarmes prétendit qu'il avoit besoin de nous pour faire certaines découvertes, et qu'il falloit nous confronter avec d'autres personnes; me donnant à moi l'assurance que je reviendrois au bout de quelques heures; mais réellement j'étois destiné à ne plus revenir, et je fus forcé, ainsi que les autres personnes dont j'ai déjà parlé, de faire à pied un voyage de quelques milles pendant une nuit très-froide, tandis que nos conducteurs étoient à cheval. Nous quittâmes Savone le 29 janvier, et nous nous arrêtâmes le 2 de février, à la forteresse de Fenestrelle, où nous fûmes enfermés dans le fort Saint-Charles. Sous un certain rapport ils firent pour le mieux, en se servant de cet artifice diabolique pour me séparer de mon maître adoré; car je suis sûr que si j'eusse été en sa présence, au moment de le quitter, la vénération et la reconnoissance dont j'ai toujours été pénétré pour lui, m'auroient causé, dans ce cruel instant, les angoisses de la mort. J'ai eu depuis la satisfaction d'apprendre avec quelle touchante bonté mon Souverain lui-même demandoit de mes nouvelles, après mon entrée à Fenestrelle; et seul je connois quelles souffrances, quels momens de désespoir réel, j'ai éprouvés pendant le temps de notre séparation.

Après que notre arrestation et notre emprisonnement eurent été formellement annoncés à Sa Sainteté par le Préfet de Savone, l'extrême vigilance avec laquelle il étoit gardé, prit un caractère alarmant. Néanmoins l'Empereur envoya un courrier au Préfet, avec des dépêches qu'il devoit remettre au Pape lui-même ; non pas tant pour avoir une réponse, à laquelle il ne devoit sûrement pas s'attendre, que pour jouir du barbare plaisir d'être bien assuré qu'il avoit lu ou au moins reçu toutes les indignités que ces dépêches contenoient. Le Saint Père refusa de les ouvrir, et le Préfet les laissa sur la table, espérant qu'il en feroit lecture dès qu'il seroit sorti, et même qu'il y répondroit. Il vint en effet chercher cette réponse deux jours après ; mais il trouva que la lettre n'avoit pas été décachetée. Il renouvela alors ses instances pour que le Pape prît connnoissance de ce qu'on lui écrivoit, étant obligé de renvoyer le courrier. Sa Sainteté persistant dans son refus, il ouvrit lui-même la lettre, et la lut en préprésence du Pape. Il faut le dire, le Préfet resta confondu des invectives grossières et du langage ignoble avec lesquels le Pape y étoit insulté. Buonaparte le traitoit comme un homme imbécile (1), et parloit de convoquer à Paris un Concile de tous les Evêques de France et d'Italie pour décréter sa déchéance. « Je mets la lettre, dit le Pape, » aux pieds du Crucifix ; je lui laisse le soin de » venger ma cause ; cette cause qui n'est plus désormais la mienne, mais qui est devenue la sienne » propre ; » c'est avec ces paroles qu'il congédia le Préfet qui, dit-on, se retira extrêmement affecté.

---

(1) Voici le commencement de cette lettre : « Vous êtes » une vieille volaille ; il y a long-temps que vous devriez » le savoir. Votre obstination n'est que de la bêtise ; etc. » Je finis ici, la main se refuse à transcrire de pareilles infamies. (*Note communiquée.*)

Nous restâmes au secret dans le fort Saint-Charles, l'espace de vingt-trois jours consécutifs ; après quoi, on nous fit la grâce de nous permettre de prendre une heure d'exercice par jour, mais sous l'inspection de quelques gendarmes. Il étoit impossible de deviner pour quelle raison nous étions ainsi confinés ; il ne nous étoit pas même permis de faire des questions relativement à notre future destination, ou à la durée de nos souffrances actuelles. Au bout de huit mois, nous fûmes appellés devant un Juge et un Notaire, pour donner nos noms et celui de notre pays. D'après certains interrogatoires, nous vîmes que l'on s'attendoit à quelques révélations de notre part. Néanmoins le Juge eut peu, ou même n'eut rien du tout à gagner dans cet examen, qui, d'ailleurs, ainsi que nous l'avons su depuis, n'avoit lieu que pour la forme ; après qu'il fut terminé, on nous demanda quelle faveur nous aurions à demander à Sa Majesté l'Empereur. Je répondis à cette proposition que la faveur la plus signalée que je pourrois obtenir, seroit de retourner vers mon Souverain, et que si cela ne pouvoit m'être accordé, j'étois décidé à rester en prison. Depuis cet examen, il se passa soixante jours avant que nous fussions rendus à la liberté. Il vint alors un décret pour notre élargissement, et pour nous renvoyer tous dans notre domicile, ce qui étoit particulièrement ordonné. Le plaisir d'être rendu à ma famille désolée étoit bien grand sans doute, mais il étoit accompagné du chagrin cuisant de ne pouvoir suivre mon maître chéri et révéré, que j'espère néanmoins voir revenir à Rome en triomphe.

Vous m'avez donné si peu de temps pour rédiger ces Mémoires, que je crains bien de manquer de cette énergie de style que demande un si noble sujet : d'ailleurs ma plume est peu exercée. J'ai procédé par ordre de dates, et me suis borné à une exposition simple et claire des faits que vous désiriez tant de connoître ; dans un temps de paix et de loisir, je pourrai recueillir d'autres particularités, et je m'empresserai de vous les communiquer. Adieu.

Votre ami très-affectionné,

G. M.

Les détails qu'on vient de lire sont restés jusqu'ici inconnus en France. Le traducteur a mis d'autant plus d'empressement à les publier dans sa langue, qu'ils se rattachent à cette suite déplorable de vexations sans nombre que le Saint Père a éprouvées pendant son séjour à Fontainebleau. On trouvera un récit exact de ces outrages, si glorieux pour le personnage sacré qui les a héroïquement soufferts, et si honteux pour celui qui les a commandés, dans un ouvrage publié dernièrement à Paris sous ce titre :

Correspondance authentique avec la Cour de Rome, etc., 1 vol in-8°.

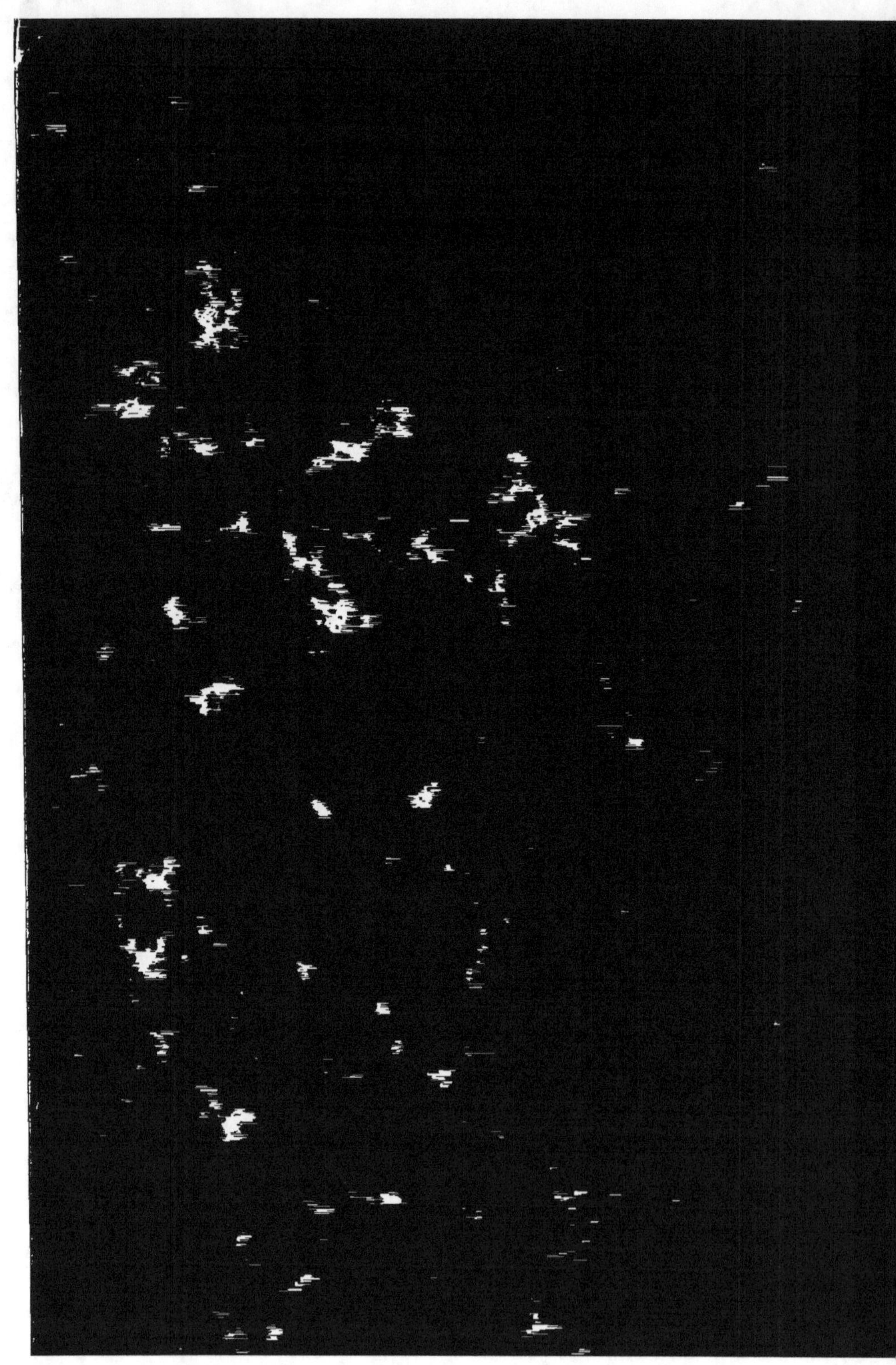